CALLE DE LA HIPÓTESIS

Francisco García Castro

CALLE
DE LA
HIPÓTESIS

Prólogo de *Claudio Rodríguez Fer*

Renacimiento

www.editorialrenacimiento.com

BUGANVILLA, 1 • 41907 VALENCINA DE LA CONCEPCIÓN (SEVILLA)

tel.: (+34) 955998232 • editorial@editorialrenacimiento.com

Diseño de cubierta: Equipo Renacimiento

DEPÓSITO LEGAL: SE 2485-2025 • ISBN: 979-13-87939-28-1

Impreso en España • Printed in Spain

PRÓLOGO

La película *Paterson*, de Jim Jarmusch, muestra a un humilde conductor de autobuses apellidado Paterson, devoto lector de Emily Dickinson y de William Carlos Williams, escribiendo poemas inspirados en las cosas sencillas de su vida doméstica y de su rutina laboral que observa en una pequeña ciudad igualmente llamada Paterson. Así se demuestra que la poesía puede estar en todas partes y que su disfrute y cultivo pueden ser accesibles a todas las personas, con independencia de la formación o profesión de estas, como sabemos bien en la literatura española al menos desde Miguel Hernández.

Igual que el citado Paterson, el poeta Francisco García Castro, carpintero desde los quince años, apasionado por las artes y por las letras, tiene también la intención de decir o decirse poéticamente.

La poesía de este carpintero poeta, de este poeta carpintero, de Estepona, nacido en 1971, suele ser sencilla, complejamente breve, rítmica y auténtica. Alude a su casa y a su hija, a lecturas realizadas, a películas vistas… A veces, parece coincidir en su minimalismo con el espíritu esencialista de algunos haikus orientales, aunque también cultive el poema en prosa, y aunque sus primeros títulos publicados fueran tan largos, narrativos y metaliterarios como *Balada del viejo «Bunk» y otros poemas* (Colección Monosabio, 2014), alusivo al homónimo trompetista de jazz citado por Cortázar en *Rayuela* y al estado de euforia descontrolada al que se asocia, y *El engorroso plumaje del colibrí espátula* (editor Paco Cumpián, 2018).

Calle de la hipótesis aborda con naturalidad el misterio poético del recuerdo, de la cotidianidad, del erotismo y hasta de la noticia sorprendente, como la del niño Jude Sparks, que encontró por accidente en Nuevo México el fósil del gigantesco cráneo de un Stegomastodon de más de un millón de años, así como, por supuesto, de la siempre abierta hipótesis que le da sugestivo título.

Y el cine, que ya aparecía en su poesía anterior, reaparece aquí a través del fundacional momento, de tan teleológica trascendencia, en el que diecisiete personas acudieron a la primera proyección cinematográfica de los hermanos Lumière en Francia, o de la paradoja creativa, de tan excelentes resultados, provocada por las supuestas malas novelas que el maestro Hitchcock convertía en buenas películas. Y esta intrahistoria fílmica se recrea recurrentemente al aludir a la silla de ruedas de la actriz Bette Davis en el Festival de San Sebastián, a la falsa autobiografía de la estelar Marilyn Monroe o al fútbol prohibido, pero jugado sin balón, en el rodaje de la más actual película franco-mauritana *Timbuktú* de Sissako.

«Para Amalia, mi vida», dice la dedicatoria de *Calle de la hipótesis*, anticipando el poema paternofilial «Amalia», a cuya protagonista ofrece nada menos que el regalo de la contemplación. Porque el observador Francisco García Castro está atento a las cosas que fueron y a las que son, y por eso su poesía está abierta también a las que serán, como su vida, cuyo nombre más importante es precisamente Amalia. Esta es al menos mi hipótesis, porque en poesía, como en la calle, siempre abierta, y más si es su calle, no hay tesis.

CLAUDIO RODRÍGUEZ FER, poeta
*Director de la Cátedra José Ángel Valente
de Poesía y Estética*

Para Amalia, mi vida

«… levantar la piedra de la frente,
darle una moratoria al asombro».

M. Krüger

JOVEN CON RELOJ

Ahora lo recuerdo,
me llega nítidamente.
Muy nítida.
Aquella esfera empañada de mi reloj.
Empañada siempre,
a la hora de los entierros.

FRÍO

Frío en las paredes.
La noche, al otro lado de la carretera.

Me propongo saber de ti.

OTRA VEZ

Baja del cielo,
arroja su gemido
y otra vez, otra vez
en la campiña del honor perdido.

Lunes.

EL NIÑO

Jude Sparks ha tropezado.
Tropezó, como tropieza todo niño,
como debe tropezar todo niño.
El niño Sparks ha tropezado con un colmillo
                              de elefante.

Ahora Sparks es un niño con colmillo,
El cura del pueblo lo mandó llamar.
El cura del pueblo no tiene dientes.

UN MONO NARANJA...

Bastará una inyección,
sacar células a una medusa fluorescente
(dónde los alegóricos)
e incorporarlas a un mono.
Un mono, naranja fluorescente.
Cada vez estamos más cerca,
o mejor, cada vez nos alejamos más.
Mucho más.

CATORCE VERSOS

SEMÓNIDES de Amorgos escribe:
Mientras conserva un mortal la flor muy deseable
de la juventud
tiene un ánimo ligero y piensa muchos destinos
Semónides continua:
porque no recela que ha de envejecer y morir
Gil de Biedma, enciende un cigarrillo y escribe:
... ha pasado el tiempo
y la verdad desagradable asoma:
Envejecer, morir,
es el único argumento de la obra.

Y ahora anoto:
¿Es el verso o la constancia,
es el verso o la constancia
quien engendra el poema?

DOBLE CAÑO

Ha fallecido, el Trinche.
El centro campista argentino del Central de Córdoba.
El Trinche se ha ido.
Fue el único jugador que utilizaba el doble caño.
Hoy sería abucheado.
Hoy no, Trinche, hoy no.
No soportamos la filigrana.
Y no la soportamos,
no la soportamos,
porque ya vamos al campo regateados.
Hoy no, Trinche, hoy no.

Nadie insiste.

TIMBUKTÚ

Sissako, el director de cine, Sissako, rueda.
Rueda la escena donde unos niños juegan un partido
    de fútbol sin balón.
El fútbol ha sido prohibido.
¡Seguid muchachos, seguid!
Yo me levantaré del asiento para aplaudir ese derechazo
que rozó larguero.
¡Seguid!
Yo bajaré a por el balón cuando salga del campo.
¡Seguid muchachos, seguid!

Permanecer, es la victoria.

POEMA (EN PROSA)
PARA UN HOCICO IRREVERENTE

«Quede así asegurado que hasta la última de todas
las criaturas puedan poseer ese sublime ojo...»

W. Wordsworth

Que manía esta, la de nuestra especie, de meter los ho-
cicos –jocicos, que diría Juan Ramón– en todos lados.
Ahora, dicen y será, si acudes a una exposición pictórica
(y sin acudir), podrás alcanzar la sensación de estar den-
tro del cuadro. Qué manía.

Yo no quiero estar dentro. Quiero contemplarlo desde
fuera. No quiero toparme con la textura, quiero deleitar-
me con ella. No quiero pisar sus veladuras, no quiero. No
deseo dislocar sus tonos, quiero apreciarlo.

Desde fuera, desde el lugar de una contemplación
nada arrogante. Qué manía.

No quiero irrumpir en el reposo de un fumador de
pipa. No. No quiero colarme en una clase de danza.
Quién soy yo, para bloquear por estúpida zancada, *Lá
fille née sans mère.*

Quién

Quién, para lamerme los dedos con sangre de esa res muerta. Quién, para destronar a Vulcano.

No quiero fardar de azotea que no tengo, ni molestar a esos autómatas republicanos

Quién yo, para dejar mi huella en tu sofá, para amargar el almuerzo al señor Clasz.

Quién dijo que miss Amelia fuma porque te espera.

Quién es ese individuo. Quién es ese individuo

Desde fuera, desde el lugar de una contemplación nada arrogante

Quién es ese individuo. Quién es ese individuo, que le mete el dedo en el culo a las Tres Gracias.

LLUEVE

DESDE hace tiempo,
cuando en la noche llueve,
y en lecho me hallo,
con la manta todo me cubro, cual cadáver.

No debería ser así.
No hay riesgo.
Pero algo me dice,
algo me dice,
que acomodarse,
es otra de las formas
de la intemperie.

Fueron diecisiete, los espectadores
que acudieron a la primera proyección de cine.
Diecisiete.
Y ahora vienes, y dices eso de:
Un pequeño paso para el hombre,
pero un gran paso para la humanidad.
No. La luna seguirá influyendo en las mareas
aun sin saber de ti.

Fueron diecisiete.
Ese es el paso,
ese es el gran paso.

Salimos a escena.

POEMA

Han sido muchos los críticos
que afirmaban que Alfred Hitchcock
utilizaba malas novelas
para construir buenas películas.

Qué construyes de un poema malo.
Ejercicio.

Supongo.
(y astigmatismo)

LA SILLA DE BETTE DAVIS

Bette Davis llegó a San Sebastián.
A San Sebastián llegó Bette Davis.

Festival de Cine

Exigió una silla de ruedas
para moverse por el hotel.
Nadie pudo ver a la Davis en su silla de ruedas.

La decadencia nos espera
Nos esperará, es lasciva.
Pero el ancla es tuyo,
el ancla y varios adjetivos.
Y nadie dijo,
nadie dijo
que tuviéramos que ser puntuales,
y menos aún,
que tuviéramos que presentarnos.

Bette Davis llegó a San Sebastián.

La Davis.

EL RUMBO

Van las sardinas rumbo al sur.
Y detrás de ese rumbo,
el rumbo de los delfines.
Y detrás de los delfines,
el rumbo de los alcatraces.
Y detrás,
justo detrás,
en comitiva de domingo,
la lógica honesta de lo imprescindible.

LLEGO TARDE A CASA

LLEGO tarde a casa.
Entro lentamente, con sigilo.
Esquivo sillas, quicios
y la discreción del gato.
                              Lentamente.

Ya en el pasillo,
me doy cuenta, por primera vez,
del descaro de una grieta en la columna estucada.

La lentitud no tiene miedo.
Ahora lo sé.

PALOMAS

Desde la terraza
de una cafetería,
observo a un niño.

Tarde otoñal.

Da tumbos por la plaza,
detrás de las palomas.
Intenta agarrarlas.
Utiliza viejas técnicas.

Sigilo, suspiro, desolación.

Yo también quise agarrar palomas.

Sigilo, suspiro, desolación.

Nunca lo conseguí.
Él, tampoco.
Arrullan las palomas
un secreto a voces.

Mientras, el niño envejece.

TU LUZ

Mojas mi sombra
con tu luz atareada.
Cae el día.

Escribo unos versos.

[ME GUSTA ANNE CARSON...]

«La franqueza es como una madeja
que se produce a diario en el vientre,
tiene que desenrollarse en algún lado».

ANNE CARSON

ME gusta Anne Carson,
y no me olvido de Juana Castro.
Fácilmente podría escribir,
me gusta Juana Castro
y no me olvido de Anne Carson.

Me gusta mucho Anne Carson.

Toda la noche brotan en mí
deseos redondos como duraznos. Ya no recojo lo que cae.

A mí no me encanta Anne Carson
(ni Juana Castro).
Y no me encanta,
porque a mí no me gusta la Gran Medida.
Qué es eso de la Gran Medida.

A mí, me gusta Anne Carson.
Anne Carson,
y el perejil,
el puerro, la ortiga.
Y la mar,
la cerveza,
y tantas cosas.

ESE

HE de partir.
Subiré al tren de alta velocidad.

Ese, el de los arroyos maniatados.

BRUCH & BRAHMS

Max Bruch escribe a Brahms:
«Me niego a dejarme llevar
por los procedimientos modernos».

Dicho de otro modo,
«me niego a componer
para mi tiempo».
Dicho de otro modo,
«me ausento».

EL REPOSO

La pecera y su bruma,
instigadoras de la siesta.
Un sombrero mexicano,
de la sombra.

Una cama estilo Luis XV,
una cama estilo Luis XV,
sería demasiado.

QUIZÁS

Quizás todo esto
sea nada más
que un delirio.

El espejo,
delirio.
La grieta de los mapas,
delirio.
La insignia,
delirio.

Quizás la cuestión resida
en saber caminar entre melojo

                              y estepas.
Nutrirse de lucios altivos
y falcias rojas.
Sapos de espuela.

Quizás solo aquel,
que llegada la tarde,
sepa sacarle el jugo
a una siesta bajo la jacaranda,
solo ese fulano,
habrá adquirido
el don de la esencia.

Digo, quizás.
Digo, fulano.

LAS CUATRO ESTACIONES

Despertar.

Mirar.

Abrazar.

Café de puchero.

DUERMES

Vagan mis dedos
por las sendas
de tu irisado cabello.

Duermes.

Vela el gorrión
celos de buganvilla.

TODA TÚ

Valió la pena la espera.
Valió la pena.
Toda tú,
desnuda y etérea.

Luna llena.

[ECHO DE MENOS...]

Cuando le enseñaron un epigrama de un verso y medio, Nicolás de Chamfort, observó que habría mostrado más ingenio de haber sido más corto.

Eсно de menos el barro en la suela.

EL PAQUETE DE TABACO

CONTABA D. Miguel,
que el día que decidió
dejar de fumar,
agarró el paquete de tabaco
y lo puso en el lugar más alto
de la estantería de su taller
                          de cerámica.
David apunta, que un amigo
dejó su paquete de tabaco
en el anaquel más alto
                  de su cocina.
Manuel lo dejó en la parte superior
de su mueble de baño.

Las bajas pasiones,
las bajas pasiones
no tienen vértigo.

FANGO

Y en el fango,
entretanto,
sustanciosas axilas.

Y en el fango,
entretanto,
cuerpos y verrugas.

Y en el fango,
entretanto,
postradas esperanzas.

Y en el fango,
entretanto,
…

EL MÁS FEO DE LOS GRIEGOS

Soy Tersites, sí.
El más feo de los griegos.
Bizco, cojo,
hombros corcovados.
Pecho contraído,
cabeza puntiaguda,
labios desgarrados.

Soy Tersites, sí.
Pero no Polinice,
que luchó contra su hermano.
Soy Tersites, sí.
Pero no Dolio,
de Penélope su esclavo.
Soy Tersites, sí.
Pero no Narciso, sí,
pero no Ceis el usurpador.

Soy Tersites, sí.
El de rama cabellera,
pero no Pisando el traidor.

Soy Tersites, sí.
Bizco, cojo
hombros corcovados.

[UN HOMBRE EN UN BANCO...]

Un hombre en un banco
soñando un poema

Un hombre en un banco
soñando un poema.
Un niño con bicicleta
imagina filigranas.
En el aeropuerto,
insisten en anunciar vuelos baratos.

CALLE DE LA HIPÓTESIS

Sé que te volveré a ver.
No tengo calendario,
pero si estancia.
Será a medianoche,
allá,
en la calle de la hipótesis.

AMALIA

Contempla hija,
contempla.
Verás semillas,
verás navíos,
verás de cerca.

Contempla hija,
contempla.

GEIST EINES BRIEFES [1]
(El espíritu de una carta)

Los buzones creen
que ya no queda nadie ahí fuera.
No al menos,
nadie que tenga algo importante
                                que decir.

Nadie.

---

1. Cuadro de Paul Klee.

FALSA AUTOBIOGRAFÍA DE MARILYN

Mɪ amigo Mil,
el bueno de Mil,
me trajo en coche a casa.
Fue un día agotador.
Una jornada interminable.
Me duché y prepararé la cena.
Luego,
luego, algo de Beethoven.

Me gusta ese escapista.

————————————. ——————————
Fue aquel día.
Esperaba a que Mil me recogiera
con su Studebaker,
cuando desde la ventana observé
a unas niñas jugando.
Me di cuenta entonces, de que siempre,

siempre que veo jugar a niñas,
imagino a sus padres.
Llega Mil.
Bajo y Mil dice que me ve fabulosa.

Que ruin es todo
cuando dos interpretan.
Que ruin.
Y lo peor de todo,
lo peor,
parece el único camino.

AMANECE

Hoy la lluvia conversa con el mar.
Dejaré el paseo para otro día.
Hoy la niebla conversa con el mar.

Hay estreno.

PERSEIDE AUXILIANDO
AL JOVEN ALBERTI

Si lo que quieres,
si es eso lo que quieres,
si quieres hacer Norte,
y el abatimiento te golpea,
el valor del verso deberás corregir.
Pero si en Norte situado,
abatimiento de Oeste te roza,
baja cuatro líneas la entrada de cierre.
Si sales a Sur, si es Sur lo que anhelas,
y a Este abatido te hallas,
sube corregidas dos líneas arriba
                                    la semblanza.

Si sales a Oeste,
y otra vez abatido,
deja el residuo,
deja el residuo,
y quédate conmigo.

CANCIÓN PARA TERCERO DE PRIMARIA

Será la rosa,
será, será.
Será el clavel,
será, será.
Será lilis, será.
Gerbera.
Será.

Pero también el higo chumbo,
verás, verás.
Y la palmera vieja,
verás, verás.
Será que vienes,
será que vas.
Será lentisco,
y el victorial.
Será, será.

Y que así sea.
Será.

LA ÚLTIMA PARTITURA

Quemad.
Quemad los excesos.
El exceso no ama.

Quemad el exceso
(Sibelius quemó su última partitura).

Se trata de agua.
Es agua.

Agua clara.

YERBA

Conozco de un caracol con la espiral
a la izquierda de la concha.

Otro tipo de lentitud.
En la misma yerba.

NATURALMENTE

Tregua en la siembra.
        Sopa campera.
                Ronca la espiga.

ESTO ES UN HOGAR

Esto es un hogar.
Rodajas de vino,
huevos de tinto,
cebolla de pan.

En la mesa de siempre.
En la mesa de siempre.

UN VERSO, ¡PERO QUÉ VERSO!

Baila mi niña, baila.

[SIEMPRE FUE ASÍ...]

«Los aeropuertos son demasiado educados.
En ellos, la realidad siempre queda eliminada»

JOHN BERGER

SIEMPRE fue así.
En todos los tiempos.
La verdad, la verdad entra por el puerto.
Y es verdad esa verdad,
porque transpira salina
                    el argumento.

LAS HORAS

HORAS miserables
aquellas que te niegan.

Otro día perdido.

MOZART NO SIEMPRE ERA MOZART

MOZART no siempre era Mozart.
Beethoven no siempre era sordo.
Difícil será negar que Miguel Ángel
era tan solo poeta.

A Mozart,
Lo que gustaba a Mozart,
a Mozart,
era los jardines y Aloysia

Sólo los árbitros, almas gloriosas.

Todo lo demás, libertad con cargo.

TEMORES

Sopla el viento.
Aires tenaces, rompiendo
por las alamedas
de mis pensamientos.

ÍNDICE

Calle de la hipótesis
de Francisco García Castro
salió de la imprenta el
20 de octubre de 2025